ÉDUCATION
LORRAINE
ÉLÉMENTAIRE.

ABÉCÉDAIRE

COMPRENANT

Ces Exercices d'Épellation, de Lecture, d'Histoire, de Géographie, de Grammaire, et de Numération.

Livres de notre enfance, livres de notre jeunesse, que vous êtes beaux quand nous sommes vieux ! Vous avez eu nos jeunes regards; vous avez fait battre nos cœurs à quinze ans; à quatre-vingts ans vous les faites palpiter encore.

Ernest FOUINET.

METZ.

VERRONNAIS, IMPRIMEUR-LIBRAIRE-ÉDITEUR,
RUE DES JARDINS, N.º 14.

1835.

ÉDUCATION
LORRAINE
Élémentaire.

ABÉCÉDAIRE
comprenant

Cent Exercices d'Épellation, de Lecture, d'Histoire,
de Géographie, de Grammaire et de Numération.

Metz.

VERRONNAIS, *Imprimeur-Libraire-Éditeur.*

1835.

ÉDUCATION

LORRAINE

ÉLÉMENTAIRE.

ABÉCÉDAIRE.

Mon cher Enfant, il y a déjà deux ans que vous parlez, et vous ne savez pas encore lire : cependant, c'est par la lecture que vous apprendrez toutes les jolies histoires renfermées dans les livres de Papa. Votre Bonne sait lire; sans cela, elle n'eût jamais connu les contes que vous la priez de vous réciter chaque soir.

Deux choses sont nécessaires pour apprendre : l'attention et la patience. Ainsi, quand vous direz votre leçon, il ne faut songer ni au chat, ni aux jouets, ni à la mouche qui vole; nous serions obligés de recommencer, et la leçon serait trop longue. Vous me promettez d'être attentif?... Eh bien, commençons.

Regardez la première page de ce livre, vous y voyez une grande quantité de *signes* ou *caractères* que l'on appelle *lettres*, et qui ont chacune un nom particulier. La première chose à connaître, c'est le nom et la forme de toutes ces lettres; les voici :

A B C D E F

G H I J K L

M N O P Q R

S T U V X Y Z

Æ OE W

a b c d e f g

h i j k l m n

o p q r s t u

v x y z

æ œ w

A B C D E F

G H I J K L

M N O P Q R

S T U V X Y Z

Æ Œ W

~~~~~~

a b c d e f g

h i j k l m n

o p q r s t u

v x y z

æ œ w

Vous voyez, mon Enfant, que les mêmes lettres ont plusieurs formes ; plus tard, vous saurez pourquoi.

La réunion de toutes les lettres s'appelle *alphabet*.

Il y a vingt-cinq lettres dans notre alphabet.

Les lettres se partagent en *voyelles* et en *consonnes*.

Les *voyelles* sont : *a, e, i, o, u* et *y*.

Toutes les autres lettres sont des consonnes.

Ainsi, nous possédons six voyelles et dix-neuf consonnes.

Une ou deux voyelles réunies à une ou deux consonnes forment des sons qu'on appelle *syllabes*, comme *ba, qua, bla*. *Ba* est une syllabe où il entre une voyelle et une consonne ; *qua*, une syllabe où se trouvent deux voyelles pour une consonne ; et *bla*, une syllabe où sont deux consonnes pour une voyelle.

1**

SYLLABES.

ba	be	bi	bo	bu
ca	ce	ci	co	cu
da	de	di	do	du
fa	fe	fi	fo	fu
ga	ge	gi	go	gu
ha	he	hi	ho	hu
ja	je	ji	jo	ju
ka	ke	ki	ko	ku
la	le	li	lo	lu
ma	me	mi	mo	mu
na	ne	ni	no	nu
pa	pe	pi	po	pu

qua	que	qui	quo	qu
ra	re	ri	ro	ru
sa	se	si	so	su
ta	te	ti	to	tu
va	ve	vi	vo	vu
xa	xe	xi	xo	xu
za	ze	zi	zo	zu

ab	eb	ib	ob	ub
ac	ec	ic	oc	uc
ad	ed	id	od	ud
af	ef	if	of	uf
ag	eg	ig	og	ug

ah	eh	ih	oh	uh
ak	ek	ik	ok	uk
al	el	il	ol	ul
am	em	im	om	um
an	en	in	on	un
ap	ep	ip	op	up
aq	eq	iq	oq	uq
as	es	is	os	us
at	et	it	ot	ut
av	ev	iv	ov	uv
ax	ex	ix	ox	ux
az	cz	iz	oz	uz

bla	ble	bli	blo	blu
bra	bre	bri	bro	bru
cha	che	chi	cho	chu
cla	cle	cli	clo	clu
dra	dre	dri	dro	dru
gla	gle	gli	glo	glu
gna	gne	gni	gno	gnu
gra	gre	gri	gro	gru
pha	phe	phi	pho	phu
pla	ple	pli	plo	plu
tla	tle	tli	tlo	tlu
tra	tre	tri	tro	tru

C'est avec les syllabes que se forment les mots. *Pain, papa, orphelin* sont des mots; mais chacun n'a pas le même nombre de syllabes : *pain* n'a qu'un son et par conséquent qu'une syllabe; *papa* a deux sons et deux syllabes; *orphelin* a trois sons ou trois syllabes. Ainsi, voilà les mots partagés en mots qui n'ont qu'un son ou qu'une syllabe, et en mots qui en ont plusieurs. Les mots qui n'ont qu'une syllabe s'appellent *monosyllabes;* ceux qui en ont plusieurs sont des *polysyllabes.*

On appelle *diphthongues* la réunion de deux ou trois voyelles, dont les sons se lient dans la prononciation : *œ, oi, iel, ien, ieu, uil,* comme dans ces mots : *œil, roi, ciel, bien, lieu, nuit.*

Mots qui n'ont qu'un son ou qu'une syllabe.

Art	Lin
Bar	Metz
Chat	Nain
Duc	Or
Dent	Pain
Eau	Quand
Faim	Roi
Four	Salm
Gens	Toul
Ham	Un
In	Vert
Jeu	Vin

Mots à deux sons ou *à deux syllabes.*

An-née	Lor-rain
Bal-lon	Ma-man
Bou-le	Meu-se
Chai-se	Nan-cy
Dan-din.	On-cle
En-fant	Pa-pa
Frè-re	Pom-me
Fron-ton	Ra-me
Gâ-teau	Sar-re
Ha-bit	Tan-te
In-dou	Ta-bac
Jou-jou	Ver-dun
Ki-lo	Vos-ges

Mots à trois sons ou *à trois syllabes.*

A-pô-tre	Mo-sel-le
Bap-tê-me	Na-tu-rel
Ci-trouil-le	Or-phe-lin
Cou-tu-me	Pro-vin-ce
Dé-li-re	Que-rel-leur
É-pi-nal	Ra-re-té
Fram-boi-se	Su-a-ve
Gé-ô-le	Té-nè-bres
His-toi-re	U-sa-ge
In-ten-dant	Va-ni-té
Ja-lou-sie	Xé-no-phon
Li-ber-té	Y-pré-au
Ma-da-me	Zé-la-teur

Mots à quatre sons ou *à quatre syllabes.*

É-ga-le-ment

Con-clu-si-on

Co-quil-la-ge

Dé-par-te-ment

Dis-cus-si-on

Eu-cha-ris-tie

Lu-né-vil-le

Pa-ti-en-ce

Phi-lo-so-phe

O-pi-ni-on

Pont-à-Mous-son

Ram-ber-vil-lers.

Re-mi-re-mont

Mots à cinq sons ou à cinq syllabes.

Ar-ron-dis-se-ment

A-ca-ri-â-tre

Cor-di-a-li-té

Cou-ra-geu-se-ment

In-do-ci-li-té

Mots à six sons ou à six syllabes.

As-so-ci-a-ti-on

Ma-li-ci-eu-se-ment

In-con-si-dé-ré-ment

O-ri-gi-na-li-té

Mots à syllabes composées.

OEuf œil bœuf cœur

Ail viande ciel bien

Nuit voix vieux yeux

2*

Il y a des mots qui ont encore un
ien plus grand nombre de syllabes.
e connais un nom d'homme qui en
dix.

Les mots servent à faire des *phrases.*
uand vous dites : *Mon jouet est su-
erbe,* vous faites une phrase de quatre
ots dont deux ne sont que d'une
yllabe, *mon, est; jou-et* en a deux, et
u-per-be en a trois. Vous voyez donc
ue, dans une phrase, il y a des mots
e plusieurs syllabes.

Nous sommes déjà bien avancés,
uisque nous connaissons toutes nos
ttres, et que nous savons qu'avec
les on forme des *syllabes,* puis des
ots, puis des *phrases;* mais cela ne
iffit pas, car les lettres et les mots
nt quelquefois accompagnés de cer-
ins signes qu'il faut connaître. Ces
gnes, appelés *signes de ponctuation
d'accentuation,* se désignent de
manière suivante :

SIGNES ET ACCENS.

Nom.	Fig.
Tréma	..
Apostrophe.	'
Trait d'union.	-
Cédille.	ç
Parenthèses.	( )
Guillemets	« »

Virgule, *pour s'arrêter un peu.* . . . . . . ,

Point et virgule, *davantage* . . . . . ;

Deux points, *davantage encore* . . . . :

Point, *tout-à-fait.* . . .

Point d'interrogation.   ?

Point d'admiration ou
    d'exclamation . . .   !

Accent aigu . . . . . .   ′

Accent grave . . . . .   ˋ

Accent circonflexe . .   ^

Exemples.

Noël. Haïr.

L'ami. S'il vient.

A-t-il du pain ?

Il plaça la cage.

Mon père (dit Jésus-
Christ), pardonnez-leur,

car ils ne savent ce qu'ils font.

Une lettre de Xerxès à Léonidas ne contenait que ces mots : « Rends tes armes. » Léonidas écrivit au-dessous : « Viens les prendre. »

Je crains Dieu, cher Abner, et n'ai point d'autre crainte.

Rien ne sert de courir; il faut partir à point.

Dieu dit : Que la lumière soit; et la lumière fut.

Qui te rend si hardi de troubler mon breuvage?

Qu'un ami véritable est une douce chose !

ARCHES DE JOUY près Metz.

Lith. de Verronnais, à Metz.

EXERCICES D'ÉPELLATION.

I.

Dieu est bon. Il voit tout, il sait tout,
il peut tout. Il ai-me les pe-tits en-fans
qui o-bé-is-sent à leur pa-pa et à leur
ma-man. Il pu-nit les mé-chans. C'est
Dieu qui a cré-é tout ce que nous voy-ons.
Il y a des gens qui ne croient pas en Dieu,
qui ne le prient pas. Il faut plain-dre ces
gens-là, car ils doi-vent ê-tre mal-heu-reux.

II.

Le mon-de ex-is-te de-puis plus de six
mil-le ans. L'an ou l'an-née se com-po-se
de trois cent soix-an-te-cinq jours. On
les di-vi-se en dou-ze mois, sa-voir :
jan-vi-er, fé-vri-er, mars, a-vril, mai,
juin, juil-let, août, sep-tem-bre, oc-to-bre,
no-vem-bre, dé-cem-bre. Il y a qua-tre
mois de tren-te jours, ce sont : a-vril,

juin, sep-tem-bre et no-vem-bre; sept
de tren-te-et-un jours, et fé-vri-er qui
en a tan-tôt vingt-sept, tan-tôt vingt-huit.

III.

L'an-née se di-vi-se aus-si en cin-
quan-te-deux se-mai-nes, et la se-mai-ne
en sept jours. Lun-di, mar-di, mer-cre-
di, jeu-di, ven-dre-di, sa-me-di, di-
man-che, sont les noms des jours de la
se-mai-ne. On se re-po-se le di-man-che;
les au-tres jours sont con-sa-crés au travail. Il y a aus-si qua-tre sai-sons : le
prin-temps, l'é-té, l'au-tom-ne et l'hi-ver.
C'est au prin-temps que pous-sent les
feuil-les et les fleurs; les fruits vien-nent
en é-té; en au-tom-ne, on ré-col-te le
vin, les poi-res, les pom-mes, les noix;
et en hi-ver, on a froid, on se chauf-fe.

IV.

Il y a des peu-ples qui ont tou-jours
chaud; d'au-tres, tou-jours froid. C'est
du so-leil que vien-nent la cha-leur et la

lu-mi-è-re. C'est aus-si le so-leil qui for-me l'arc-en-ciel, quand il pleut ou quand il vient de pleu-voir. L'arc-en-ciel a sept cou-leurs. Le so-leil se lè-ve et le so-leil se cou-che. La lu-ne et les é-toi-les pa-rais-sent quand le so-leil est cou-ché.

V.

Les hom-mes qui vi-vent dans les pai-is très-chauds ont la peau tou-te noi-re. On les ap-pel-le nè-gres. Ce sont des hom-mes com-me nous. Les ha-bi-tans des pai-is froids ou hu-mi-des ont la peau très-blan-che, et des che-veux blonds.

VI.

Il ex-is-te u-ne es-pè-ce d'hom-mes noirs qui man-gent les blancs : ce sont des hom-mes sau-va-ges. Ces hom-mes-là vi-vent dans les bois, bien loin de nous, a-vec les bê-tes fé-ro-ces, les ti-gres, les lions, les lé-o-pards, les ser-pens.

VII.

Le jour est de vingt-qua-tre heu-res.
L'heu-re se com-po-se de soix-an-te mi-
nu-tes; la mi-nu-te, de soix-an-te se-
con-des. L'in-stru-ment qui sert à mar-quer
l'heu-re s'ap-pel-le ca-dran. Les ca-drans
ont deux ai-guil-les : une pe-ti-te ai-guil-le
qui mar-que les heu-res, et u-ne gran-de
qui mar-que les mi-nu-tes.

VIII.

L'hom-me et la fem-me sont nés pour
mou-rir. Ce-pen-dant, ils vi-vent quel-
que-fois bien vieux. On a vu des per-son-
nes vi-vre cent cin-quan-te ans. Il n'est
pas ra-re d'en trou-ver qui ont plus de
cent ans. Le chê-ne peut ex-is-ter cinq
cents ans. Le cor-beau par-vient à un
â-ge a-van-cé.

IX.

L'hom-me a deux pieds et deux mains.
Les a-ni-maux ont des pat-tes. Il y a cinq

doigts à cha-que pied, et cinq à cha-que main. Les a-ni-maux ont or-di-nai-re-ment deux ou qua-tre pat-tes. Cer-tains a-ni-maux en pos-sè-dent da-van-ta-ge. Les pois-sons ont des na-geoi-res, mais ils sont sans pat-tes.

X.

Les che-vaux, les va-ches, les chiens, les chats, les liè-vres, les re-nards sont cou-verts de poils; les mou-tons ont de la lai-ne. A-vec la peau des chats, des liè-vres et des re-nards on fait des four-ru-res pour l'hi-ver. A-vec la lai-ne des mou-tons on fa-bri-que du drap, des fla-nel-les. Les oi-seaux sont cou-verts de plu-mes. Les plu-mes de l'au-tru-che et du fai-san do-ré sont très-re-cher-chées.

XI.

Tous les hom-mes qui vi-vent en so-ci-é-té ont des mai-sons. Les chiens ont des che-nils; les loups, des ta-ni-è-res; les a-beil-les, des ru-ches; les va-ches,

des é-ta-bles ; les che-vaux, des é-cu-ries ;
les porcs, des toits ; les oi-seaux, des
nids. Cha-que oi-seau fait son nid d'u-ne
ma-ni-è-re qui lui est pro-pre. Rien de
beau et de bien tra-vail-lé com-me le nid
du roi--te-let.

XII.

Le chien a-boie, le san-gli-er et le
co-chon gro-gnent, le che-val hen-nit,
le chat miau-le, le coq chan-te, l'à-ne
brait, le tau-reau et la va-che mu-gis-sent,
la chè-vre et le mou-ton bê-lent, le lion
ru-git, le loup hur-le, le ti-gre gron-de,
le re-nard gla-pit, la gre-nouil-le co-
as-se, le moi-neau ra-ma-ge, l'hi-ron-
del-le ga-zouil-le, le li-not et l'a-lou-
et-te chan-tent, le bu-tor plon-ge, le
le pi-geon rou-cou-le, le din-don glous-se,
le paon et l'oie crient, le ser-pent et la
sau-te-rel-le sif-flent, le ca-nard bar-bot-te,
le hi-bou gé-mit, la chou-et-te sou-pire,
l'es-car-bot bour-don-ne, le sin-ge gri-
ma-ce, l'hom-me par-le.

EXERCICES DE LECTURE.

XIII.

L'homme a un corps et une âme : un corps que l'on sent; une âme que l'on ne sent pas.

Il a aussi cinq sens, ou cinq manières d'apercevoir et de sentir ce qui l'environne.

Il voit avec les yeux.

Il entend avec les oreilles.

Il goûte avec la langue.

Il flaire ou respire les odeurs avec le nez.

Il touche avec tout le corps, et principalement avec les mains.

XIV.

Le monde est immense. Il se compose d'une foule de globes, tels que la terre, le soleil, la lune, les planètes, les étoiles. Le globe que nous habitons s'appelle la terre. Il est rond comme une boule. Il se compose d'air, de terre, d'eau et de feu.

3*

Sans l'air, l'homme ne peut respirer. Sans la terre, l'homme ne peut manger. Sans l'eau, l'homme ne peut boire. Sans le feu, l'homme ne peut se chauffer. La réunion de ces quatre élémens est donc nécessaire à l'homme pour vivre.

C'est l'air agité qui produit les vents, qui cause les orages, les tempêtes, et qui est la source de mille phénomènes qui arrivent journellement. C'est la terre qui produit toutes les substances végétales dont l'homme se nourrit, ainsi que les animaux qui la couvrent : c'est au fond de la terre qu'on trouve le marbre, l'or, l'argent, le fer et tous les autres métaux.

XV.

La terre se partage en cinq parties : l'Europe, l'Asie, l'Afrique, l'Amérique et l'Océanie. On les appelle les cinq parties du monde. La partie du monde que nous habitons s'appelle l'Europe. L'Europe se divise en seize pays ou contrées. La France est la contrée de l'Europe où nous vivons. Elle se divise elle-même en quatre-vingt-six départemens. Les départemens de la Meurthe, de la Meuse, des Vosges et de la Moselle formèrent autrefois une province qu'on appelait la province de Lorraine et des Trois-Évêchés. Paris est la plus grande ville de France. On l'appelle capitale, parce que c'est le séjour du roi et du gouvernement. Nancy était la capitale de la Lorraine, et Metz la capitale des Trois-Évêchés.

XVI.

Les principales rivières de la Lorraine sont la Moselle, la Meuse, la Meurthe et la Sarre. Ses principales montagnes sont les Vosges ; ses principales villes Nancy, Metz, Bar, Épinal, Verdun, Lunéville, Toul et Saint-Dié. Metz, Toul et Verdun sont des villes fortes. On les appelle ainsi, parce qu'elles sont entourées de murailles et de fossés. La Lorraine est très-productive. On y récolte du blé, de l'orge, du seigle, de l'avoine, des fruits délicieux,

3**

de bons légumes et du vin. Elle possède
des mines de fer, de sel, de houille,
de cuivre, de plomb et même d'argent.
Les mines de fer les plus riches sont dans
les Vosges, à Framont, et dans le département de la Moselle. Les mines de sel
se trouvent dans la Meurthe, à Dieuze.
Château-Salins, Vic, Moyenvic. Il existe
aussi dans notre pays des carrières de
marbre, de granit, de pierres de taille
fort belles, de pierres à chaux et de pierres
à plâtre.

XVII.

La Lorraine a été habitée successivement
par les Celtes ou Gaulois, par les Romains,
les Francs, et par un mélange de Français
et d'Allemands. Il y a deux mille ans,
les Lorrains parlaient la langue celtique.
On retrouve beaucoup de mots de cette
langue dans le patois de nos campagnes.
Il y a huit cents ans, la bonne société,
les gens comme il faut, parlaient un latin
corrompu. Les habitans de la campagne

n'ont jamais adopté qu'imparfaitement les mœurs et les habitudes des Romains qu'ils n'aimaient pas.

XVIII.

Avant l'arrivée des Romains en Lorraine, nos ancêtres adoraient le *feu*, le *soleil*, le dieu *Thot*; ils croyaient à plusieurs dieux, ne connaissant pas celui que nous adorons. Leurs temples étaient sur les montagnes ou dans l'épaisseur des forêts. Il y en avait dans les Vosges, sur les hauteurs qui dominent la Moselle. C'est environ trois cents ans après la venue de Jésus-Christ que le christianisme s'est introduit en Lorraine. Le christianisme veut dire la religion du Christ ou de Jésus-Christ. On appelle chrétiens ceux qui suivent cette religion, qui vont dans les églises. Nous sommes chrétiens. Les juifs ne sont pas chrétiens; ils croient que le Christ n'est pas encore venu. Il y a beaucoup de juifs en Lorraine, surtout à Metz. Autrefois ils portaient tous de longues barbes et des chapeaux jaunes. Leurs prêtres se nomment *rabbins*. Ils se réunissent, pour prier, dans des synagogues.

XIX.

Il y a en Lorraine beaucoup de choses curieuses, qui méritent d'être vues. Par exemple, la cascade du Bouchot; le saut de la Valogne; le lac de Gérardmer, l'étang de Lindre; le lever et le coucher du soleil vus du *Donon* ou du *Ballon*, hautes montagnes des Vosges; les mines de Framont; les usines de Hayange; les jolis sites de Nancy et de Liverdun, de la haute Moselle, de la vallée de Saint-Avold, de plusieurs vallées des Vosges. Parmi les monumens les plus remarquables, on admire les arches de Jouy, bâties par les Romains pour conduire les eaux de Gorze à Metz; les cathédrales de Metz et de Toul; l'église de Saint-Nicolas-du-Port; le sépulcre de Saint-Mihiel, par Ligier-Richier; l'église des Cordeliers de Nancy, et les tombeaux qu'elle renferme.

XX.

Quand les Romains ont été chassés de la Lorraine par les Francs ou Français, cette contrée a fait partie d'un grand royaume appelé royaume d'Austrasie. Metz était la capitale du royaume d'Austrasie. Beaucoup de rois y ont demeuré, entre autres le roi Dagobert. Le royaume d'Austrasie a été ensuite partagé. La partie que nous habitons échut à Lothaire qui lui donna le nom de Lorraine. La Lorraine fut après cela gouvernée par des princes appelés ducs. Ils étaient toujours en guerre. Dans le onzième siècle, la Lorraine fut regardée comme une ferme que celui qui la possède laisserait en héritage à son fils, avec toutes les personnes qui vivent dans la ferme. Elle devint dès-lors *héréditaire*, et passa de père en fils aux descendans de Gérard d'Alsace. Gérard d'Alsace est donc le premier duc héréditaire de Lorraine. Nancy n'existant pas encore, il demeurait à Chastenoy.

XXI.

Il y a eu vingt-neuf ducs de Lorraine, savoir : Gérard d'Alsace, Thierri, Simon I.er, Mathieu I.er, Simon II, Ferri I.er, Thiébault I.er, Mathieu II, Ferri II, Thiébault II, Ferri III, Raoul, Jean I.er, Charles II, René d'Anjou, Jean II, Nicolas d'Anjou, René II, Antoine, François I.er, Charles III, Henri II, François II, Charles IV et François III, Charles V, Léopold, François IV et Stanislas. François IV étant devenu grand-duc de Toscane, puis empereur d'Allemagne, Stanislas, qui avait été exclu du trône de Pologne par l'intrigue, reçut du roi Louis XV, son gendre, la jouissance des duchés de Lorraine et de Bar. Il mourut en 1766. Depuis lors, la Lorraine fait partie de la France.

XXII.

Charles III et Léopold sont les ducs de Lorraine les plus illustres. Charles IV n'a fait que des folies. Stanislas avait plutôt les qualités d'un père de famille que d'un roi. La Lorraine a été très-malheureuse sous René II et sous Charles IV. Les terres étaient sans culture, faute de bras. On n'osait se hasarder sur les routes, tant les ours et les loups y étaient nombreux. La peste, la famine et la guerre dépeuplaient notre pays. Il ne présentait que des ruines. Léopold a réparé, autant qu'il a pu, les malheurs que Charles IV avait attirés sur ses états.

XXIII.

Indépendamment de ses ducs, la Lorraine avait encore des princes, des évêques, des maîtres-échevins qui jouissaient d'une certaine autorité. Tels étaient les comtes de Bar, de Vaudémont, de Salm, les damoiseaux de Commercy, les évêques et les maîtres-échevins de Metz, de Toul et de Verdun. Le maître-échevin représentait la bourgeoisie. Son autorité était très-étendue. Il traitait de la paix et de la guerre. **Les** maîtres-échevins sont remplacés aujourd'hui par les maires, mais avec un pouvoir bien moindre. Il y a eu quatre-vingt-seize évêques à Metz, et à peu près autant à Toul et à Verdun. A présent, il n'y a plus d'évêque à Toul; mais il y en a un à Nancy, et un à Saint-Dié.

XXIV.

Les Lorrains sont laborieux, économes, bons soldats. Aux seizième et dix-septième siècles, ils passaient pour les plus braves militaires de l'Europe. Tous les princes tâchaient de les attirer dans leurs armées. Les habitans des Trois-Évêchés étaient, au contraire, plutôt commerçans que guerriers. Les bourgeois de Metz et de Verdun jouissaient, au moyen-âge, d'une grande opulence, tandis que les seigneurs lorrains étaient criblés de dettes : cela se conçoit, quand on songe que, la plupart du temps, lorsque les seigneurs guerroyaient, leurs terres étaient ravagées par leurs voisins, ou demeuraient incultes;

VUE DE METZ.

Litho. de Verronnais, à Metz.

car ils emmenaient avec eux une partie des paysans qu'ils appelaient leurs vassaux, et qui ne possédaient rien en propre.

XXV.

Il y a eu beaucoup d'hommes célèbres en Lorraine. Nous citerons entre autres le pape *Léon IX*; *Jacques de Sierck*, archevêque de Trèves; le maréchal comte de *Mercy*, le maréchal de *Bassompierre*, le maréchal de *Ligneville*, le maréchal *Fabert*, le maréchal *Ney*, le maréchal *Gouvion-Saint-Cyr*, *Chevert* à qui il n'a manqué que le bâton de maréchal de France; les généraux *Chérisey*, *Custine*, *Éblé*, *Gournai*, *Grenier*, *Lasalle*, *Legrand*, *Richepanse*, *Vaubecourt*; le baron de *Bourcier*, premier président de la cour souveraine de Nancy; le duc de *Choiseul*, ministre sous Louis XVI; *Régnier*, duc de Massa, grand-juge, ministre de la justice sous l'empereur Napoléon; le comte *Montalivet*, ministre sous l'empereur; le comte de *Serre*, ministre de la justice sous les Bourbons; les diplomates *Durand* et *Bombelles;* les conventionnels *Salle* et *Grégoire*, curé d'Emberménil.

XXVI.

Les vaillans capitaines *Gérard d'Avil-*
ler, Robert de Sarrebruck, *Jean de*
Méric; Joly de Maizeroy, célèbre tac-
ticien; les ministres protestans *Ancillon*,
Musculus, Paul Ferry; les jurisconsultes
Chansonnette, Gabriel; les publicistes
Duquesnoy, Lacretelle aîné et *Boulay*
de la Meurthe; les historiens *Maimbourg*
et *Dom Calmet;* le chroniqueur *Philippe*
Gérard de Vigneulles; les littérateurs
Villers, Fiévée, Chompré et *Hoffmann;*
l'auteur dramatique *Monvel;* les poètes
Lezay-Marnésia, Boufflers, Palissot,
Gilbert, Saint-Lambert, François de
Neufchâteau, Pons, Pellet d'Épinal,
Émile Debraux, Brondex; les médecins
Foës et *Lepois;* les chirurgiens *Louis*,
Rivaud et *Saucerotte ;* les mathématiciens
Lhoste et *Rivard;* l'astronome *Messier;*

les physiciens *Nollet* et *Pilâtre de Roziers;*
les naturalistes *Sonnini, Le Vaillant,*
Chazelles, Tschudy, Buc'hoz, Remy
Willemet; le minéralogiste *Bournon;* les
antiquaires *Duval, Mangeart, d'Ennery,*
Dupré de Genest, Mory d'Elvange et
Marchant; les géographes *Delisle, Vaugon-*
dy, Bugnon, Orphée de Galéan; le grammairien *Beauzée;* et les jésuites *Abram*
et *Antoine.*

XXVII.

Les artistes sont peut-être plus nombreux
encore. Pour n'indiquer que les plus cé-
lèbres, nous signalerons les architectes
Pérat ou *Piérat, Renconnaulx, Héré,*
Jadot; les sculpteurs *Adam, Bagard,*
Chassel, Guibal, Drouin, Ligier-Ri-
chier; les peintres *Claude Mélin* dit *le*
Lorrain, Claude-Charles, Jacquart,
Bellange, de Ruet, Herbel, Girardet;
les graveurs *Béatrice, Callot, Sylvestre,*
Sébastien Leclerc, Saint-Urbain, Hardy;
les mécaniciens *Bernard-Joyeux, Ri-*

chard, *Lamour* et *Vayringe*; les imprimeurs *Adam Roth*, *Abraham Faber* et *Cusson*; les artistes dramatiques *Oudinot*, *Gardel*; les musiciens *Persuis* et *Bochsa*; l'horticulteur *Gervais* (1).

XXVIII.

Les femmes, que leurs occupations ordinaires éloignent du métier des armes, de la littérature et des beaux-arts, ont fait voir en Lorraine qu'elles sont capables d'aspirer à tous les genres de célébrité. Ainsi, c'est *Jeanne d'Arc*, qui a délivré la France au quinzième siècle; *Barbe d'Ernecourt*, autre *amazone*, a signalé son courage dans plus d'un champ de bataille; mademoiselle *Raucourt* est devenue la première tragédienne de l'Europe; mademoiselle *Saint-Uberti* la pre-

(1) Une notice biographique sera consacrée à chacune de ces illustrations dans le *Plutarque lorrain*, qui doit faire partie de notre *Éducation lorraine élémentaire.*

mière cantatrice du dix-huitième siècle ; madame de *Graffigny* s'est illustrée en littérature ; *Rose de Mitry* a composé des vers remplis de grâce ; une fille de Saint-Urbain excella dans la gravure. Pourquoi faut-il que parmi nos illustrations féminines nous soyions obligé de nommer madame *Dubarry?*

XXIX.

Dans la liste que nous venons de donner des principales célébrités lorraines, nous n'avons indiqué aucune personne vivante : leur modestie en souffrirait ; et puis, pour affirmer qu'un personnage est vraiment digne d'éloges, il faut du temps et de la réflexion. Depuis le commencement du siècle on a parlé beaucoup des maréchaux de France *Oudinot, Victor, Gérard, Lobau, Molitor;* des généraux *Drouot, Excelmans, d'Anthouard, Lallemand, Schneider;* de l'amiral de *Rigny;* du diplomate *Bresson,* de l'abbé *Louis,* ex-ministre ; des pairs de France *Rœderer* et

4**

Barbé-Marbois; des historiens *Lacretelle* et *Guillaume de Vaudoncourt;* de mesdames *Élisa Voïart, Tastu* et *Vannoz;* des artistes *Isabey, Gudin* et *Grandville;* du naturaliste *Raspail;* du poète et du musicien *Halevy;* d'*Étienne,* de *Victor Hugo,* de *Casimir Bonjour;* du poète *Mollevault;* des agronomes *Mathieu de Dombasle* et *Bertier de Roville;* du chimiste *Braconnot;* du mathématicien *Poncelet;* des médecins *Renauldin, Jadelot* et *Marjolin;* du grammairien *Lemaire-Génis;* et de bien d'autres encore. Tous sont lorrains, tous ont acquis de la gloire; mais leur place dans l'estime publique ne sera marquée qu'après leur mort.

XXX.

Autrefois, la culture des terres était beaucoup plus négligée en Lorraine qu'elle ne l'est aujourd'hui. Les routes y étaient mauvaises. Les villageois se nourrissaient mal, se vêtissaient mal. Le principal commerce était entre les mains des juifs. Au-

jourd'hui, ils sont presque tous proprié-
taires. Chacun a sa maison, son jardin,
son champ. Cependant, il y a encore
une partie de la Lorraine, les Vosges, par
exemple, où le villageois ne mange ni
pain, ni viande dans l'année, et ne boit
pas de vin. Il se nourrit de pommes de
terre, de lait caillé, et prend de l'eau-
de-vie et de la bière au lieu de vin. Son
eau-de-vie se fait avec des cerises, des
prunes, ou des pommes de terre qu'on
laisse fermenter dans de grands cuveaux,
et qu'on distille ensuite. La bière se fait
avec de l'orge, du houblon et de l'eau.

XXXI.

Les maisons de la campagne, jadis mal
construites, basses, couvertes en chaume
ou en bois, sont bien mieux à présent.
Cependant, plus on se rapproche des
villes, plus les habitations prennent un
air d'aisance et de propreté. Il y a encore,
dans le pays de Bitche, des familles ap-
pelées *Bohémiens*, qui vivent dans les

bois, avec leurs bestiaux. Ces gens-là ne sont pas policés ; ils parlent une langue que nous ne comprenons pas. Les bois de Bitche étaient autrefois remplis de ces malheureux. Il y en avait aussi en Allemagne et en Italie. Leur nombre diminue chaque jour.

XXXII.

Les Vosges et la Lorraine allemande sont remplies d'*anabaptistes*. Ce sont des cultivateurs qui croient qu'un enfant, pour être baptisé, doit être en âge de raison. On les reconnaît, parce qu'ils portent des agrafes au lieu de boutons à leurs habits, et de la barbe au menton. Les anabaptistes sont très-laborieux, très-hospitaliers, de mœurs exemplaires, et vivent dans une honnête aisance ; ils chérissent leurs parens ; ils ne se marient qu'avec les personnes de leur secte. Tous les *chalets* ou *granges* qui se trouvent isolés sur le revers des montagnes des Vosges, sont occupés par des anabaptistes.

XXXIII.

La mer paraît avoir recouvert toute la Lorraine ; c'est du moins ce qu'indiquent les nombreuses coquilles et les débris d'animaux marins pétrifiés qu'on rencontre à chaque pas. Il y a quelques années qu'aux environs de Nomeny, à quarante pieds de profondeur, on a trouvé le squelette d'un énorme éléphant pétrifié. Sur les hauteurs de Metz, de Thionville, de Pont-à-Mousson, et du côté de Verdun, on découvre assez fréquemment des débris d'animaux dont la race est éteinte. Voilà qui prouve mieux que toute autre chose la vieillesse du monde. Ainsi, lorsqu'en vous promenant vous trouverez ces pierres connues sous le nom de *pierres tombées du ciel*, *pierres du tonnerre*, ou ces coquilles épaisses et bizarres qui sont collées à la pierre, vous saurez qu'elles ont plusieurs milliers d'années.

XXXIV.

Les rivières qui traversent la Lorraine sont presque toutes bien peuplées de poissons. Le poisson de la Meuse et celui de la Moselle ont une qualité supérieure. On ne trouve presque pas d'écrevisses dans la Moselle; mais il y en a beaucoup dans la Meuse. L'esturgeon, l'alose, le saumon, poissons qui viennent de la mer, se pêchent dans la Meuse et la Moselle. Les poissons les plus communs en Lorraine sont le barbeau, le goujon, la carpe, la tanche, l'ablette, et d'autres petits poissons dont on fait peu de cas. L'anguille, le brochet, la perche, le rené, la truite, sont plus rares et plus recherchés. La truite vit dans l'eau vive; elle remonte le cours des rivières ou des ruisseaux à leur source.

XXXV.

Avant que la Lorraine fût aussi peuplée qu'elle l'est aujourd'hui, des marais et de

grandes forêts en couvraient presque toute
la surface. Les marais se sont changés en
plaines productives ; les forêts diminuent
de jour en jour. Les arbres qu'on y rencontre le plus ordinairement sont le hêtre,
le charme, le chêne, le frêne, l'orme,
le saule, le bouleau, le sapin, le pin, etc.
Ces deux derniers arbres sont appelés arbres
verts, parce qu'ils conservent leur couleur
toute l'année. Les forêts des Vosges sont
presque tout-à-fait composées de sapins,
de pins et de bouleaux. Il y a des sapins
qui atteignent cent cinquante pieds.

XXXVI.

Indépendamment des arbres que nous
venons de nommer, et qui deviennent tous
assez élevés, il s'en trouve d'autres dans les
forêts beaucoup plus petits, et que l'on
appelle pour cela bois de *basse futaie :*
ce sont le noisetier, le coudrier, l'au-
bépine, etc. Autrefois on voyait beaucoup
de pommiers, de poiriers, de cerisiers
sauvages, de sorbiers, de bois de Sainte-

Lucie, soit dans les forêts, soit en rase campagne ; mais, depuis quarante ans, ces arbres sont devenus très-rares. Il y avait aussi des bois de châtaigniers d'une très-belle venue, puisque c'est en châtaignier que sont faites les grandes charpentes des vieux édifices. Le mûrier blanc, nourriture des vers à soie, était aussi cultivé. A peine si l'on en rencontre quelques-uns aujourd'hui. Les arbres qui servent à l'agrément de nos promenades sont le tilleul, le marronier d'Inde, le platane, l'acacia, le peuplier dont on distingue plusieurs espèces.

XXXVII.

Les arbres qui décorent nos jardins sont nombreux, et donnent d'excellens fruits. On estime surtout ceux des environs de Metz. Tels sont, parmi les cerises, la royale, la montmorency ; parmi les prunes, l'abricot, la mirabelle, la reine-claude, la coetche, la pêche ; parmi les poires, la silvange, le bon-chrétien, la gelinette ;

parmi les pommes, la reinette à côtes. On croit que la cerise et l'abricot sont des espèces apportées de l'Orient à l'époque des croisades. A Metz, on fait des mirabelles confites excellentes ; à Bar, des confitures de groseille parfaites ; les pruneaux de la Meurthe sont recherchés à Paris. La gelinette et la silvange sont des poires originaires du pays. La première gelinette trouvée près de Metz a été présentée à l'infortunée Marie-Antoinette.

XXXVIII.

Il y a en Lorraine plus de trois mille espèces de plantes, soit sauvages, soit cultivées, et une quantité extraordinaire de mousses. Indépendamment des plantes céréales, telles que le blé, l'orge, le seigle, l'avoine ; des plantes oléagineuses, telles que la navette, le colza, le chenevis, on cultive dans nos contrées la betterave, avec laquelle on fait du sucre qui vaut celui des colonies, le houblon qui sert à la confection de la bière, la pomme de terre qui nourrit presque tous nos campagnards, le chou, le navet, la carotte, le pois, la lentille, la fève ou haricot, et beaucoup d'autres légumes plus délicats. Le chou-fleur, le pois sucré, l'artichaut, l'asperge ne se rencontrent guère que sur la table des riches.

XXXIX.

Les vins les plus renommés en Lorraine sont, pour le département de la Meurthe, les vins de Bayon, Thiaucourt, Pagny, et le vin blanc de Toul; pour le département de la Meuse, le vin de Bar; pour celui de la Moselle, les vins d'Augny, Guentrange, Rozérieulles, Scy, Lessy, Jussy, Sainte-Ruffine. En général, ces vins ne se gardent pas, et ne souffrent pas un long transport. Il faut les consommer dans le pays. Ils sont plus acides que liquoreux. Les vins d'Augny et de Guentrange sont ceux qui se conservent le plus long-temps. Il y a très-peu de vignes dans les Vosges. Autrefois, on exportait nos

vins sur les frontières de l'Allemagne.
C'était une grande ressource pour le pays.
On ne le peut plus depuis mil huit cent
quatorze, à cause des droits énormes qu'il
faudrait payer.

XL.

Nos cultivateurs emploient un grand
nombre de chevaux, de bœufs et de
vaches; mais ces animaux sont d'une
petite taille en Lorraine. L'âne est un
animal très-utile à la classe indigente et
aux meuniers. Cet animal mange peu et
travaille beaucoup. Tous les ans, on tue
cinq à six cent mille porcs en Lorraine. Le lard, le jambon et le saucisson
de Longwy jouissent d'une réputation
méritée. Nos troupeaux de moutons sont
médiocres; la race de nos chèvres est
chétive. Dans les bois, on ne trouve plus
de cerfs, comme autrefois, ni d'ours; on
y rencontre encore des sangliers, des che-
vreuils, passablement de lièvres, des écu-
reuils, des renards, des loups, des pu-
tois et des belettes. Nous avons dans nos

départemens près de deux cents espèces d'oiseaux : les uns sont de passage, les autres peuplent nos basses-cours. Nous comptons aussi une douzaine d'espèces de reptiles, une vingtaine d'espèces de poissons, et au moins trois mille espèces d'insectes. Le plus bienfaisant des insectes, c'est l'abeille.

XLI.

L'industrie est très-variée dans la partie de la France que nous habitons, surtout dans les Vosges. Nous possédons des usines et des manufactures de tout genre. Ainsi, on fabrique les toiles de coton, les toiles imprimées, dans les Vosges; les toiles communes de chanvre et de lin dans la Meurthe; la dentelle à Saint-Mihiel et Mirecourt ; le cuir à Metz, Nancy, Sierck, Blâmont et Lorquin ; les glaces à Saint-Quirin et Cirey; le cristal à Baccarat et Saint-Louis; la faïence à Lunéville et Longwy-Bas; la porcelaine à Niderville et Sarreguemines ; le velours à Metz; les objets en fer, en fonte, en ferblanc, à Hayange, Moyeuvre, Framont, etc.; le papier à Abrescheviller, Cirey, Champigneulles, Docelle et Ars ; le papier peint à Nancy et Metz ; le drap à Nancy, Metz, Moutier près Briey, etc. A Sarreguemines, on fait de jolies tabatières ; à Mirecourt, des instrumens de musique. On recherche les chandelles de Nancy, la flanelle et le molleton de Metz. On fond des caractères d'imprimerie à Nancy. Il y a beaucoup de lithographies à Metz et à Nancy. On fait à Phalsbourg de l'excellente eau de noyau, et de l'eau-de-vie de cerises et de coetches dans plusieurs parties des Vosges. Les broderies de la Moselle et de la Meurthe occupent plus de cent mille ouvrières.

XLII.

L'un des plus beaux haras de France est à Rosières, trois lieues de Nancy. On y forme des chevaux de luxe d'un grand prix. Il existe une ferme-modèle à Ro-ville (Meurthe), et plusieurs autres éta-blissemens agricoles dignes d'intérêt, soit dans la Moselle, soit dans les Vosges. Les

pépinières de Metz sont renommées. On
cite, au nombre des plus jolies campagnes
de la Lorraine, Jand'heurs, près de Bar,
appartenant au maréchal Oudinot; et le
jardin de M. Doublat, à Épinal. Ce sont
des campagnes de luxe : il en faut de cette
nature pour entretenir le goût du beau
dans les arts ; mais, en général, une ferme
bien cultivée offre un intérêt plus réel.
A propos de culture, n'oublions pas que
c'est un simple garçon de ferme, appelé
Grangé, né dans les Vosges, qui a in-
venté la meilleure charrue qu'on possède.
Depuis de longues années, les savans pro-
posaient des prix pour cette découverte,
Grangé est venu au monde, et son génie
a surmonté toutes les difficultés. Le roi
lui a donné la croix de la Légion-d'Honneur.
Il a reçu des médailles d'or et d'argent
d'une foule de sociétés. Le nom de Grangé
ne périra pas. Il sera mis au nombre des
hommes vraiment utiles. Sa gloire est bien
au-dessus de la gloire des conquérans.
Honneur à Grangé !

XLIII.

On appelle température l'état ou la disposition dans lesquels se trouve l'air. La température en Lorraine varie beaucoup. Elle est plutôt froide que chaude. L'automne y est regardé comme la plus belle saison de l'année. A la fin d'octobre, les feuilles sont déjà presque toutes tombées ; elles ne reviennent qu'en avril. C'est aussi l'époque de passage des hirondelles, des rouges-gorges, des alouettes et autres oiseaux qui cherchent un climat plus doux. La température se mesure par degrés, depuis *un* jusqu'à *trente* et plus. En Lorraine, le froid ne passe guère dix-huit degrés, et le chaud vingt-huit. Les vents, chez nous, n'ont pas un caractère soutenu. Le *sud-ouest* est le plus constant dans sa durée : c'est le vent de la pluie. Le *nord-ouest*, vent des Ardennes, apporte la neige et les frimas. Le *nord-est* rend le ciel pur. Le *sud* souffle rarement ; il suffoque par sa chaleur. Les vents d'*est*,

de *sud-est* et d'*ouest* durent peu. La
Lorraine est bornée au *nord* par le Luxem-
bourg et l'archevêché de Trèves ; à l'*est*
par l'Alsace et le duché de Deux-Ponts ;
au *sud* par la Franche-Comté ; à l'*ouest*
par la Champagne.

CHARRUE - GRANGE.

Lith. de Verronnais, à Metz.

EXERCICES DE GRAMMAIRE.

XLIV.

La grammaire est la science du langage ; il faut l'étudier pour savoir parler et écrire correctement. Une langue est le moyen de communiquer aux autres ce qu'on pense, soit en se parlant, soit en s'écrivant quand on est éloigné. De là deux langues ou deux moyens de communication : la langue parlée et la langue écrite. La langue parlée se compose de sons que l'on divise en deux classes : les sons simples ou inarticulés, comme *a*, *o*, *au*, *ou*, *eu*, et tous ceux qu'on peut prolonger indéfiniment avec la même ouverture de bouche sans les altérer ; et les sons articulés qui exigent le travail de la langue ou des lèvres pour leur prononciation. *Pa* est un son articulé, *lais* en est un autre ; *ar* est un son articulé, *rét* en est un autre. De ces quatre

sons articulés on peut faire deux mots,
ayant chacun deux sons : *palais, arrêt.*
Le *t* dans *arrêt* n'est qu'un signe de
modification pour la syllabe *re*. *Ca* est
un son à simple articulation, *Car* est
un son à double articulation ; et *Caron*
se prononce comme ayant deux articula-
tions, quoiqu'il en présente réellement
trois, parce que la lettre *r* qui partage le
mot devient simplement alors un signe
d'articulation. Dans *Strabon*, *Stra* est
une syllabe triplement articulée. La seconde n'a qu'une articulation, dont *b* est
le signe (1).

XLV.

Nous avons distingué les lettres en
voyelles et en *consonnes*. Les premières se
nomment *voyelles,* parce qu'elles sont des
signes de voix ; et les secondes, *consonnes,*
parce qu'elles n'ont une valeur qu'autant

---

(1) Je ne sais si j'ai été bien compris. Il faut que
le maître, pour cet exercice comme pour les suivans,
multiplie les exemples, et les fasse même écrire à
l'enfant sur une ardoise.

qu'elles se trouvent jointes aux voyelles.
Dans la langue écrite, on désigne par
voyelles composées la réunion de plusieurs
voyelles, qui ne peignent que des sons
simples, comme dans ces mots : *au*, *eau*,
ou, *août*, *loi*, *voix*, *etc*. Les voyelles
sont longues toutes les fois qu'elles sont
surmontées de l'accent circonflexe, comme
dans ces mots : *âge*, *âme*, *pâte*, *bête*,
fête, *tempête*, *île*, *gîte*, *Nîmes*, *côte*,
dépôt, *rôle*, *flûte*, *brûler*, *etc*.; et brèves
dans tous les autres mots, comme dans
ceux-ci : *volage*, *dame*, *patte*, *courbette*,
trompette, *il*, *agite*, *isthme*, *cotte*, *pot*,
girandole, *butte*, *brume*, *etc*. Il est à
noter qu'avec une double consonne la
voyelle est presque toujours brève.

XLVI.

L'*E* est tantôt *muet*, tantôt *fermé*, tantôt
demi-ouvert, tantôt *ouvert*, tantôt *nasal* en
in ou *an*. Il est *muet* dans chevelure, le
monde, il chante, elles chantent ; *fermé* ou
aigu dans vérité, bonté, sincérité, chez,

marchez, sortez; *demi-ouvert* ou *grave* dans collet, bonnet, sème, accès, procès, après; *ouvert*, dans colère, vipère, sème, enfer, mer, Lucifer, trompette, sonnette; *nasal* en *in*, dans bien, chien, lien, moyen, païen; *nasal* en *an*, dans patient, serment, ingrédient.

XLVII.

Le *C* est dur devant *a*, *o*, *u*. Exemple: *cap, côte, curieux*. Pour l'adoucir on y ajoute la cédille : forçat, poinçon, reçu. Il a de la douceur devant les lettres *e*, *i*. Exemple : *ceci*, merci.

XLVIII.

Le *G* est dur devant *a*, *o*, *u*. Exemple: *gâteau*, gobelet, *Guthrie*. On y ajoute un *e* muet pour l'adoucir. Ex. : or*geat*, bour*geon*, ga*geure*. Il est doux devant *e*, *i*. Ex. : *gelée*, *giboulée*. Il est mouillé devant une *n* suivie d'une voyelle. Exemple: Auver*gnat*, a*gnelet*, compa*gnie*, mi*gnon*, ro*gn*ures.

XLIX.

La lettre *H* est muette ou aspirée. Elle est *muette* dans *homme, honnête ; aspirée* dans *héros, hameau, hanneton, hasard, halle, hauteur,* et dans les verbes *hacher, hâter, haïr, huer, etc.* On écrit *le héros, le hameau,* et l'on prononce en trois syllabes *le hé-ros, le ha-meau;* on écrit au pluriel *les héros, les hameaux,* et l'on prononce comme s'il y avait *lé é-ros, lé a-maux.* L'*h aspirée* ne souffre pas d'élision comme l'*h* muette, et elle empêche l'articulation de la consonne finale du mot qui la précède sur la voyelle qui la suit. Le dictionnaire désigne par un astérisque (⋆) les *h aspirées.*

L.

La lettre *L* est *sèche* dans *la, le, lit, lot, luth;* elle est *mouillée* dans *abeille, soleil, béquille, citrouille, etc.,* et se trouve dans ce cas toujours précédée d'un *i.*

6

LI.

La consonne *S* est dure devant toute
les voyelles, quand elle est initiale o
au commencement des mots : *sac, sec
sirop, solide, sucre;* quand elle es
médiale, elle a de la douceur entre deu:
voyelles : *case, dièse, Lise, rose, ruse*
excepté dans *préséance, présupposer, mo
nosyllabes, polysyllabes,* et leurs ana-
logues. Soutenue d'une consonne ou doubl
sur elle-même, elle acquiert de la dureté
*casse, lisse, rosse, Russe, danse, absent
constant.*

LII.

Le *T* a de la dureté devant toutes le
voyelles : *taffetas, tenailles, tisanes, tót
tuteur;* il est doux dans *partial, partiel
action, portion,* et généralement devan
les finales des noms en *ion. Impatienter
impatientions* portent deux *t :* le premie:
est doux, le second est dur. *Initier* port
un *t* doux; *portier* a un *t* dur. Quell

différence de consonnance entre nous *ini-tions*, nous *portons*, nous *initiions*, nous *portions!* Dans les noms le *t* est dur, quand il est précédé d'une *s* ou d'une *x : question*, *mixtion*, *digestion*.

LIII.

La collection des accens et des autres signes employés dans les mots écrits s'appelle accentuation. L'art de les placer à propos est une des choses les plus difficiles de notre langue. *L'accent aigu* (') ne se met que sur l'*é* fermé. *L'accent grave* (`) se met, 1.° sur l'*è* ouvert ; 2.° sur *à* préposition : *Aller à Rome ;* 3.° sur *là*, adverbe de démonstration : *Reste là ;* 4.° sur l'*ù* du mot *où*, adverbe de lieu : *Où allez-vous ? L'accent circonflexe* (^) se met sur les voyelles longues. *L'apostrophe* (') indique l'élision ou le retranchement de l'*e* ou de l'*a* final d'un mot devant la voyelle initiale ou l'*h* douce du mot suivant, comme *l'homme*, *l'armoire*, pour *le* homme, *la* armoire. On forme beaucoup d'élisions en parlant, mais on ne les indique pas en écrivant. On n'élide que les monosyllabes suivans : *je, me, te, se, ce, de, ne, que,* et la conjonction *si* devant *il : J'aime* pour *je aime ; s'il vous plaît* pour *si il vous plaît.* Les dissyllabes *lorsque, quoique* ne s'élident que devant *il, elle, ils, elles, on. Jusque* ne s'élide que devant *à, au, aux, ici, alors.* Dans le style soutenu, on écrit *jusques,* et alors plus d'élision. L'élision orale est une règle d'*euphonie* (douce consonnance) pour éviter la rencontre de deux voyelles qui se heurtent, ce qui s'appelle *hiatus.* E disant *il va à Orléans,* on fait deux hiatus : *va à* et *à Or.*

LIV.

Le *tréma* (¨) se place sur une voyelle qu'on veut isoler d'une autre pour la prononcer seule : *Isaïe, Saül, aiguë, haïr.* La *cédille* (ç) ne se place pas ailleurs que sous le c : *Ça.* Le *trait-d'union* s'emploie. 1.º à la fin d'une ligne dont le dernier mot n'est pas entier, pour indiquer qu'une

où plusieurs syllabes de ce mot sont re-
portées à la ligne suivante ; 2.° dans les
formes suivantes : *Irai-je? viendras-tu?
viendra-t-il? Irons-nous? va-t'en, allez-
vous-en, prenons-le, mangeons-en,
goûtez-y, gardez-les, reportez-les-lui,
reportez-les-leur, goûtes-en, vas-y,
gardes-en, mange-t-il? danse-t-elle ?*
Toutes ces formes sout des *temps de verbes.*
Nous indiquerons plus loin ce que c'est
qu'un *verbe.* On met aussi le trait-d'union
entre deux mots qui n'expriment qu'une
seule idée : *garde-magasin, cerf-volant,
arc-en-ciel, entre-sol,* etc.

LV.

Nous avons dit, au commencement de
ce livre, que les phrases se composaient
de mots, les mots de syllabes, les syllabes
de lettres. Mais, si l'on demandait ce que
c'est qu'un mot, et qu'on répondît qu'un
mot est un composé de syllabes, on ne
donnerait qu'une notion bien imparfaite
de ce qu'il faut entendre par un mot.

Un mot est le signe qui représente une idée. Par exemple, *telle tarte me plaît,* voilà une idée ; je veux l'exprimer, et je dis : *cette tarte est bonne,* voilà quatre mots qui peignent mon idée. En général, il faut plusieurs mots pour exprimer une idée. Les bavards n'ont souvent qu'un bien petit nombre d'idées, et cependant ils parlent sans cesse. Ainsi les mots, en général, sont les signes représentatifs des idées. Avec des *idées* et des *mots* on fait des *phrases,* des *discours.* Les mots sont donc les *parties du discours.*

LVI.

Il y a dix *parties du discours* ou dix *espèces de mots,* savoir : le *nom,* l'*article,* l'*adjectif,* le *pronom,* le *verbe,* le *participe,* l'*adverbe,* la *préposition,* la *conjonction* et l'*interjection.* L'arrangement de tous ces mots dans une phrase n'est pas arbitraire ; il est soumis à des règles fixes qu'il faut connaître. On ne les rencontre pas tous à la fois dans une phrase, car les phrases sont plus ou moins longues ; mais il en faut au moins deux pour en former une. *Je suis*, voilà une phrase de deux mots. *Paul est sage*, voilà une phrase de trois mots. *J'aime ma petite Pauline*, voilà une phrase de cinq mots, parce que *j'aime* est ici pour *je aime*.

LVII.

Le *nom* exprime l'idée d'un être quelconque, réel ou imaginaire. Il est *commun* quand il appartient à tout un genre, comme *chien, chat*, ou à toute une espèce, comme *levrier, angora*. Il est nom *propre* ou *individuel* lorsqu'il ne s'applique qu'à un seul être : *Jupiter, François*. Il est *collectif* lorsqu'il exprime un ensemble, une réunion de plusieurs êtres, comme *assemblée, troupeau, parterre, monceau, amas*. Il est *partitif* quand il se rapporte à un être immatériel qui échappe à nos sens, à notre compréhension, comme *âme, esprit, vertu, vice, étendue, beauté*.

LVIII.

Le nom s'appelle aussi *substantif*, parce qu'il est comme le soutien, le support des mots variables qui viennent s'appuyer sur lui, qu'il modifie, et qui semblent dériver de sa *substance* même. Dans la phrase : *La pauvre petite Adèle, si gentille, est malade, alitée et bien souffrante,* tout l'ensemble de la construction dépend du substantif *Adèle.* Changez-le, supposez à sa place le substantif *garçons*, vous aurez : *Les pauvres petits garçons, si gentils, sont malades, alités et bien souffrans.* Dans la première phrase, tous les mots qui se rapportent au substantif *Adèle* sont au genre féminin, parce qu'Adèle est une fille, et au nombre singulier, parce qu'il ne s'agit que d'un seul individu; dans la seconde phrase, les mots qui se rapportent à *garçons* se trouvent être au genre masculin et au nombre pluriel, parce que les *garçons*, comme tous les individus mâles, sont d'un genre appelé masculin, et au *pluriel* dès qu'ils sont plusieurs. De là découle la règle fondamentale, que *tout adjectif s'accorde avec son substantif en genre et en nombre.*

LIX.

L'article est un petit mot placé devant le nom commun, pour déterminer exactement son état, soit sous le rapport du *genre,* soit sous le rapport du *nombre. Le* est un article défini, qui désigne le masculin singulier ; *la,* un article défini, qui désigne le féminin singulier ; *les,* un article défini, qui indique le pluriel des deux genres. *Un, une* sont des articles indéfinis au singulier. *Le, la, les,* en leur qualité d'articles définis, désignent un être déjà connu ou qui va l'être. Quand on dit : *Passez-moi le couteau, la bougie, les pincettes,* on désigne un couteau, une bougie, des pincettes déjà connues. Il n'en est plus de même si vous employez l'article indéfini *un, une,* car en demandant *un couteau, une bougie*, vous vous exposez à ce qu'on vous réponde : *lequel ? laquelle ?*

LX.

Les articles précités ne sont pas les seuls. *Ce, cet, cette, ces*, considérés généralement comme des pronoms représentatifs ou démonstratifs ; *mon, ma, mes, ton, ta, tes, son, sa, ses, notre, votre, leur, nos, vos, leurs*, regardés comme pronoms possessifs, sont de véritables articles. Les premiers sont des articles *démonstratifs*, et les seconds des articles *possessifs*. *Chaque* est un article *distributif*, parce qu'il s'applique à tout individu pris dans une masse où chacun est considéré isolément. *Quelque, quelques* sont aussi des articles distributifs, désignant des groupes d'individus pris dans un nombre plus considérable. Enfin, il y a des articles *prépositifs*. Ces articles sont *le, la, les*, lorsqu'ils se trouvent combinés avec les mots *de* ou *à*, comme *du* pour *de le*, *au* pour *à le*, devant un nom masculin dont la première lettre (lettre *initiale*) est une consonne ou une *h* aspirée. Exemple : *Le repos* du *chat. On donne des os* au *chien; on l'envoie* au *chenil.* Devant les voyelles on met *à le, de le,* mais on remplace l'*e* par l'apostrophe. Exemple : *Allez* à *l'auberge. Revenez* de *l'auberge. Aux* s'emploie pour le pluriel des deux genres. Exemple : *De toutes les tartes* aux *fruits, je préfère les tartes* aux *mirabelles.*

LXI.

L'*adjectif* exprime une manière d'*être* ou une manière d'*agir*, comme *grand, gros, froid, chaud, beau, laid, allant, faisant, venant, courant.* Dans le premier cas, il est variable, et adopte le même genre et le même nombre que le substantif auquel il se rapporte : *le grand garçon, la grande fille, les grands garçons, les grandes filles.* Dans le second cas, lorsqu'il indique une action, il est invariable : *Voyez cette jeune fille* allant *à la foire,* faisant *son lit,* venant *de la promenade,* courant *après un papillon.* Dans ce sens, il modifie une action, et peut se tourner par le verbe *qui va, qui fait, qui vient, qui court.* Les adjectifs sont les véritables attributs des substantifs.

LXII.

Le *pronom* tient la place du nom, soit que le nom se trouve exprimé précédemment, soit qu'il n'ait pas été exprimé. Quand le nom a été exprimé, le pronom *lui* est toujours relatif. Exemple : *Voici ta maman* qui *vient. Qui* remplace *maman. Je, te, tu, il, nous, vous, il, ils, elles* sont des pronoms. On les appelle personnels. Exemple : *Je cours, je* est ici pour *moi; tu cours, tu* est ici pour *toi; ils courent, ils* est pour les personnes qui courent. *En, dont, y,* sont aussi des pronoms. Exemple : *Voici de la marmelade,* en *veux-tu?* en *voulez-vous? En* est ici pour *de laquelle mar-*

melade. *C'est le livre* dont *je t'ai parlé.* *Dont* est ici pour *duquel livre. Cette ville est très-belle; chacun s'y plaît. Y* est mis ici pour *dans laquelle ville.* Tous ces pronoms sont *définis.* On nomme pronoms *indéfinis* ceux qui ne tiennent pas lieu d'un substantif exprimé précédemment. Exemples : *Il* fait chaud. *On* sue. *Quelqu'un* frappe. *Qui* va là? *Plaît-il? C'est* charmant. *Cela* plaît. Le pronom peut s'appeler aussi *substantif représentatif.*

LXIII.

Le *verbe* exprime un *état* ou une *action.* Dans les phrases : Pauline *est* sage, Paul *court* dans le jardin, le mot *est* exprime l'état de sagesse où se trouve Pauline; *court* désigne l'action commise par Paul. Ainsi *est* et *court* sont deux verbes. Les verbes se partagent en un certain nombre de *temps* qui servent à exprimer l'*état* ou l'*action* du *sujet* au moment où l'on parle. Le *temps* se divise en trois parties principales : le PRÉSENT, *je chante,* c'est-à-

dire *je suis chantant ;* le PASSÉ, *je chantai,*
c'est-à-dire *je fus chantant ;* le FUTUR, *je
chanterai,* c'est-à-dire *je serai chantant.*
Dans ces trois temps, le *sujet* du verbe
est *je ;* l'*attribut* est *chant* pour *chantant.*
Il n'y a donc, à proprement parler, que
les mots *suis, fus, serai* qui soient réellement verbes, puisque *chanter* peut se
traduire par un adjectif.

LXIV.

Les *personnes,* en grammaire, sont des
acteurs qui jouent un rôle dans l'exercice
de la parole. Exemple : *Me* voilà, *je* suis
Paul ou Pauline, *je suis* sage ; *nous* voilà,
nous sommes sages : premières *personnes*
qui parlent d'elles-mêmes. *Te* voilà, *tu
es* sage, *vous êtes* sages : secondes *personnes* auxquelles on parle. Paul *est* là,
il est sage ; Pauline *est* là, *elle est* sage ;
Paul et Pauline *sont* là, *ils sont* sages :
troisièmes *personnes* présentes ou ab-
sentes, proches ou éloignées, dont on
parle. Ainsi, il y a des personnes au sin-

gulier et au pluriel, et ces personnes sont désignées par leur *nom* ou un *pronom* qui s'y rapporte. Le verbe est au singulier, si le nom ou le pronom sont au singulier; au pluriel, s'ils sont au pluriel; à la première, deuxième ou troisième personne, s'ils sont à la première, deuxième ou troisième personne : d'où il faut conclure, pour règle générale, que *les verbes s'accordent en nombre et en personne avec leur sujet.*

LXV.

La volonté ou le sentiment de la personne qui parle ou agit détermine le *mode* d'expression à employer. L'*infinitif* comprend le nom d'action, comme *chanter*; l'adjectif d'action, *chantant*; le résultat d'action, *chanté*. Ces trois inflexions forment les racines du verbe : car, avec *chanter*, vous ferez *chanterai*, *chanterais*; avec *chantant*, vous formerez *chantons*, *chantais*, *chantai*, *chante*, *chantasse*; et avec *chanté*, vous ferez tous les temps composés à l'aide du verbe *avoir*. Ainsi, il est ridicule de commencer les conjugaisons autrement que par l'infinitif, puisque de cette racine dérivent tous les autres temps. Le *participe* est une inflexion verbale, tirée de l'infinitif, et qui sert à exprimer l'état et l'action. Quand il exprime l'état, il est *participe-adjectif*, et s'accorde toujours avec le substantif en genre et en nombre. Exemple : *Une ariette bien chantée.* Quand il exprime l'action, il est *participe-verbe*, et demeure invariable, à moins de certaines exceptions difficiles à établir dans un cours aussi élémentaire que celui-ci. Exemple : *Elles ont chanté une ariette.* Elles ont chanté quoi ? Une ariette.

LXVI.

Après l'*infinitif* et le *participe* vient l'*indicatif*, dont on se sert quand on est sûr de ce qu'on dit : Paul ou Pauline *chante;* ils *chantent.* — Le subjonctif se place à la suite d'un verbe qui exprime un doute, une hésitation, un désir : Je

crains *qu'il chante.* Je souhaite *qu'il réus-
sisse.* — Le *conditionnel* exprime qu'une
action est subordonnée à quelque chose: *Il
chanterait*, s'il n'avait pas mal au gosier.
— On emploie l'*impératif* pour comman-
der, solliciter, prier : *Chante* cette ariette.
Chantez, je vous en prie. — Voilà donc
six modes fondamentaux desquels découlent tous les *temps* des verbes. Ces *temps*
sont au nombre de vingt-trois pour les
verbes *être* et *avoir* qu'on appelle *verbes
auxiliaires*, parce qu'ils servent à former
les autres ; et au nombre de vingt-quatre
pour les autres verbes. Les voici dans
l'ordre où les présentent les grammairiens,
avec six exemples pour chacun.

LXVII.

L'INDICATIF PRÉSENT : j'ai, je suis, je
chant*e*, je chois*is*, je pourv*ois*, je rend*s*;
l'IMPARFAIT : j'avais, j'étais, je chant*ais*,
je choisiss*ais*, je pourvoy*ais*, je rend*ais*;
le PARFAIT DÉFINI : j'eus, je fus, je chant*ai*,
je chois*is*, je pourv*us*, je rend*is*; le

7**

PARFAIT INDÉFINI : j'ai eu, j'ai été, j'ai chant *é*, j'ai chois *i*, j'ai pourv *u*, j'ai rend *u*; le PARFAIT ANTÉRIEUR : j'eus eu, j'eus été, j'eus chant *é*, chois *i*, pourv *u*, rend *u*; le PLUS-QUE-PARFAIT : j'avais eu, j'avais été, j'avais chant *é*, chois *i*, pour-v *u*, rend *u*; le PARFAIT INDÉFINI ANTÉRIEUR : j'ai eu chant *é*, chois *i*, pourv *u*, rend *u*; le FUTUR PROPRE PRÉSENT : j'aurai, je serai, je chanter *ai*, choisir *ai*, pourvoir *ai*, rendr *ai*; le FUTUR PROPRE PASSÉ : j'aurai eu, j'aurai été, j'aurai chant *é*, chois *i*, pourv *u*, rend *u*; le FUTUR RELATIF PRÉSENT : j'aurais, je serais, je chanter *ais*, je choisir *ais*, je pourvoir *ais*, je rendr *ais*; le FUTUR RELATIF PASSÉ : j'aurais eu, j'aurais été, j'aurais chant *é*, chois *i*, pourv *u*, rend *u*; le SUBJONCTIF : que j'aie, que je sois, que je chant *e*, choisiss *e*, pourvoi *e*, rend *e*; l'IMPARFAIT OU FUTUR RELATIF PRÉSENT : que j'eusse, que je fusse, que je chant *asse*, chois *isse*, pourv *usse*, rend *isse*; le PARFAIT OU FUTUR PROPRE PASSÉ : que j'aie eu, que j'aie été, que j'aie chant *é*, chois *i*, pourv *u*, rend *u*; le PLUS-QUE-PARFAIT ou le FUTUR RELATIF PASSÉ : que j'eusse eu, que j'eusse été, que j'eusse chant *é*, chois *i*, pourv *u*, rend *u*; l'IMPÉRATIF : Aie, sois, chant *e*, chois *is*, pourv *ois*, rend *s*; l'INFINITIF PRÉSENT et IMPARFAIT : avoir, être, chant *er*, chois *ir*, pourv *oir*, rend *re*; le PARFAIT et PLUS-QUE-PARFAIT : avoir eu, avoir été, avoir chanté, choisi, pourvu, rendu; FUTUR PRÉSENT : devoir avoir, devoir être, devoir chanter, choisir, pourvoir, rendre; FUTUR PASSÉ : avoir dû avoir, avoir dû être, avoir dû chanter, choisir, pourvoir, rendre; PARTICIPE PRÉSENT et IMPARFAIT : ayant, étant, chant *ant*, choisiss *ant*, pourvoy *ant*, rend *ant*; PARFAIT et PLUS-QUE-PARFAIT : ayant eu, ayant été, chant *é*, ayant chanté, chois *i*, ayant choisi, pourv *u*, ayant pourvu, rend *u*, ayant rendu; FUTUR PRÉSENT : devant avoir, devant être, devant chanter, choisir, pourvoir, rendre; FUTUR PASSÉ : ayant dû avoir, ayant dû être, ayant dû chanter, choisir, pourvoir, rendre.

LXVIII.

Plusieurs remarques découlent du cha-
itre précédent : le parfait indéfini antérieur
'existe pas dans les verbes *avoir* et *être* ;
es pronoms personnels *je, tu, il, elle,
ous, vous, ils, elles* sont employés dans
ous les temps des verbes, depuis l'indi-
atif jusqu'à l'impératif : les autres temps
e sont pas précédés de pronoms ; les
uatre verbes *chanter, choisir, pourvoir,
endre* sont quatre verbes types ou mo-
èles sur lesquels on peut conjuguer tous,
.s autres, et dont les temps se forment
e la même manière, à quelques excep-,
ons près que l'usage fera connaître ; ces
uatre verbes types sont des verbes *tran-
tifs*, parce que l'action qu'ils expriment
mbe directement sur un objet quelcon-
ue. Cet objet s'appelle, en grammaire,
'gime direct. Ainsi, les verbes *transitifs,*
ui ont un *sujet* comme les verbes auxi-
aires être et avoir, ont aussi un régime
irect.

LXIX.

Le sujet d'un verbe se reconnaît à la question *qui est-ce qui?* le régime à la question *qu'est-ce que* ou *quoi?* Exemple : *L'enfant demande un gâteau.* Qui est-ce qui demande : *L'enfant.* Quoi demande-t-il ? *Un gâteau.* Dans cette phrase, *enfant* est donc le sujet ou l'être qui fait l'action, et *gâteau* un substantif régime du verbe, c'est-à-dire qui reçoit directement l'action du sujet. Le sujet se place avant le verbe, et le régime immédiatement après. Un verbe avec lequel on ne peut interroger par la question *quoi?* ou après lequel on ne peut placer *quelqu'un, quelque chose,* est *intransitif,* et ne saurait avoir de régime direct : *aller, nager, courir, sauter* sont des verbes *intransitifs.* Ces verbes, au lieu de régime direct, ont un régime indirect. Le régime *indirect* répond à l'une des questions *à qui? à quoi? sur quoi? vers quoi? dans quoi?* Il est toujours séparé du verbe par une préposition. Exemple : *Pauline va à la campagne. Paul saute* sur *le parquet.*

LXX.

Jusqu'ici nous n'avons eu en vue que les verbes *auxiliaires,* les verbes *transitifs,* et les verbes *intransitifs.* Il est une autre espèce de verbes qu'on reconnaît quand, après eux, on peut poser la question *par qui ?* Exemple: *Ma leçon de grammaire est apprise.* Par qui ? Par moi. *Est apprise* est donc ici un verbe d'une nouvelle espèce. On l'appelle verbe *passif.* Les verbes passifs se forment de l'auxiliaire *être* et d'un verbe transitif. Les verbes passifs ont deux régimes, comme les verbes transitifs : un régime direct et un régime indirect. *Le régime direct est le nom de la personne ou de la chose par laquelle l'action du verbe est faite.* Il répond *à la question* par qui ? *Le régime indirect n'a rapport au verbe que par la préposition* à ou de, *et* ne répond pas *à la question* par qui l'action est-elle faite ? Exemple : *La Lorraine accablée par Charles-le-Téméraire,*

fut délivrée de ses maux par René II.
René II est le régime direct ; *ses maux*
est le régime indirect de *fut délivrée.*
Les verbes *passifs* se conjuguent comme
le verbe *être* ; il suffit d'y ajouter le participe passé du verbe actif. Je dis se
conjuguent, parce qu'on appelle *conjugai-*
son la réunion de tous les temps d'un
verbe.

LXXI.

L'*adverbe* sert à modifier l'attribut du
sujet. Exemple : *Cet enfant est* bien
obéissant. Cette chienne est bien *fidèle.*
Ce levrier court bien. *Bien* modifie l'attribut d'état *obéissant* et *fidèle* dans les
deux premières phrases, et l'attribut d'action *courant* dans la troisième. — Un
adverbe modifie quelquefois un autre adverbe. Exemples : *Cette raquette est* très-
bien *faite. Pauline dessine* assez bien.
Les premiers adverbes *très* et *assez* modi-
fient le second adverbe *bien. Très-bien*
modifie *faite*, dans le premier exemple,
et *assez bien* modifie *dessine* (pour *des-*

sinant) dans le second. C'est comme s'il y avait *Pauline est dessinant assez bien.* — Un adjectif employé adverbialement demeure invariable. Exemples: *Les cloches sonnent* fort. *Le rôti sent* bon. *Les enfans marchent* vite.

LXXII.

Les adverbes en *ment* se forment sur les adjectifs en y ajoutant la finale *ment:* faible*ment*, habile*ment*, tendre*ment*; mais, pour cela, il faut que l'adjectif ne varie pas, et demeure au masculin comme au féminin. *Faible, habile, tendre* sont invariables. Si, au contraire, l'adjectif change sa finale au féminin, comme *bon, bonne, heureux, heureuse, secret, se-crète*, c'est à la finale féminine qu'il faut ajouter *ment:* bonne*ment*, heureuse*ment*, secrète*ment*. Cependant, lorsque l'*e muet* du féminin n'est pas soutenu par une consonne, l'adverbe se forme sur le masculin : joli*ment*, vrai*ment*. Il y a quelques autres modifications aux règles précédentes : pru-

dent fait prude*mment*, puissant fait puis-
sa*mment*.

LXXIII.

Les mots *plus*, *moins*, *aussi* sont des
adverbes qu'on appelle *de comparaison*.
Pour dire que *Paul est plus savant que
Pierre* ou *moins savant*, ou *aussi savant
que Pierre*, il faut avoir comparé Paul à
Pierre. L'attribut comparatif *savant* est
dit alors au *comparatif*. L'adjectif ou l'attribut comparatif est au *comparatif de
supériorité*, lorsqu'il est précédé de l'adverbe *plus* qui marque un degré supérieur,
comme *plus gentil*, *plus gourmand*;
l'adjectif est au *comparatif d'infériorité*,
lorsqu'il est précédé de l'adverbe *moins*, qui
marque un degré inférieur, comme *moins
gentil*, *moins gourmand*; l'adjectif est au
comparatif d'égalité lorsqu'il est précédé
de l'adverbe *aussi*, qui marque l'égalité,
comme *aussi gentil*, *aussi gourmand*.
Quand Paul montre de la gourmandise,
on dit *Paul est gourmand*, et on ne le

compare à personne ; mais si le petit Pierre est *plus*, ou *moins*, ou *aussi* gourmand que lui, alors on dit : *Pierre est plus gourmand, ou moins gourmand, ou aussi gourmand que Paul.*

LXXIV.

L'adjectif est au positif quand il n'est précédé d'aucun des adverbes *plus, moins, aussi*, qui expriment la comparaison. Paul est gentil : *gentil* est au positif ; il cessera d'y être dès -qu'on lui associera un des adverbes précités. Un adverbe peut donc passer par les trois degrés de comparaison. En ajoutant l'article *le*, *la*, *les* à *plus* ou à *moins*, on forme le *superlatif.* Exemple : *Charles III est* le plus *illustre des ducs de Lorraine. Illustre* se trouve au superlatif. Il y a deux *superlatifs :* l'un qui est *absolu*, quand on ne compare l'adjectif à rien ; l'autre qui est *relatif*, quand on établit une comparaison. Dans l'exemple que nous avons cité, *illustre* est au *superlatif relatif*, parce que Charles se trouve

comparé aux autres ducs de Lorraine.
Illustre serait au *comparatif absolu* si l'on
avait dit *Charles a gouverné le plus sagement*, ou *bien sagement*, *très-sagement*,
fort sagement, car les mots *bien*, *très*,
fort expriment aussi des *superlatifs ab-
solus*.

LXXV.

La *préposition* exprime le rapport d'une
idée à une autre idée. Dans la phrase :
Il vient à *nous*, *à*, qui est la préposition,
exprime un rapport entre l'idée de venir
et celle de venir vers nous. Dans la phrase:
Le couvreur est sur *le toit*, *sur* établit
un rapport entre le substantif *couvreur*
et le substantif *toit*. Des deux mots mis
en rapport par la préposition, le premier
est l'*antécédent* (qui repose avant), et
le second est le *conséquent*. Il ne faut
qu'un mot après la préposition pour déterminer le sens de la phrase. Exemples :
Je vais en *France*. *Jusqu'*à *Nancy*. *Il
sera roi* avant *l'âge*. Plus souvent la préposition est suivie de plusieurs mots :

Parmi *les auteurs il s'en trouve de bien mauvais. La vérité,* nonobstant *le préjugé et le mensonge, se fait jour et nous éclaire.*

LXXVI.

La *conjonction* sert à lier deux mots de même nature, ou à exprimer un rapport de pensée à pensée. Exemples : *Paul et Pauline s'amusent. Les hommes seraient plus savans* si *leur vie était plus longue. Et* lie deux mots dans la première phrase; *si* joint deux pensées dans la seconde. Tout mot qui exige après lui un membre de phrase pour complément, est une conjonction : *d'ailleurs, donc, néanmoins, or, parce que, puisque, etc.*, sont des conjonctions. Il y a des conjonctions *composées* ou *complexes,* telles que *afin que, dès que, tandis que, alors que. Que* devient conjonction quand il peut se tourner par *lequel, laquelle.* Exemple : *Je ne suis pas sûr* que *Pauline puisse manger de la confiture.* Les conjonctions qui, par leur nature, expriment un doute,

EXERCICES DE NUMÉRATION.

LXXVIII.

Une *quantité* est tout ce qui peut être augmenté ou diminué. L'étendue, la durée, le poids sont des quantités. Les quantités se désignent ou s'expriment par des nombres, comme *un, deux, trois, quatre*. Ainsi les nombres expriment de combien d'unités une quantité est composée. Dans le nombre *quatre*, par exemple, il y a *quatre unités* ou *quatre fois un*; il y a *trois fois un* dans le nombre *trois*. L'unité est *abstraite* ou *concrète*. *Une une fois* sont deux *unités abstraites*, parce que leur espèce n'est pas désignée. *Une épingle* est une *unité concrète*, parce que cette unité a une désignation. Les nombres sont également *abstraits* ou *concrets*. On les représente tous par des signes qu'on appelle chiffres. La *numération* est l'art d'exprimer les nombres par les chiffres.

LXXIX.

	Chiffres arabes.	Chiffres romains.
Un	1	I.
Deux	2	II.
Trois	3	III.
Quatre	4	IV.
Cinq	5	V.
Six	6	VI.
Sept	7	VII.
Huit	8	VIII.
Neuf	9	IX.
Dix	10	X.
Onze	11	XI.
Douze	12	XII.
Treize	13	XIII.
Quatorze	14	XIV.
Quinze	15	XV.
Seize	16	XVI.
Dix-sept	17	XVII.
Dix-huit	18	XVIII.
Dix-neuf	19	XIX.
Vingt	20	XX.
Trente	30	XXX.
Quarante	40	XXXX ou XL.

demandent après elles le verbe au subjonctif : *que, quoique, pourvu que, à
moins que, etc. Puisse,* dans l'exemple
précédent, est au subjonctif.

LXXVII.

L'*interjection* est la manifestation d'un
mouvement subit de l'âme, un cri de
douleur ou d'effroi, comme *aie !* un éclat
de rire ou de surprise, comme *ha ! ha ! ha !*
Pour exprimer un sentiment bien vif, la
lettre *h* doit être placée après les voyelles :
Ah ! Eh ! Oh ! Dans l'invocation, on n'emploie qu'un ô avec l'accent circonflexe :
ô mon Dieu ! *Hélas ! Fi ! Pouah ! Holà !
Chut !* sont aussi des interjections. Ces
mots expriment des idées de chagrin, de
mépris, de dégoût ou d'aversion, de
suspension, de cessation, de silence, etc.

OBSERVATION.

—

Les détails de grammaire où nous sommes entré sont tout ce qu'il est possible d'enseigner à l'enfance. C'est à l'intelligence des maîtres et maîtresses de pourvoir, par des analyses, par des dictées, par des déclinaisons ou conjugaisons orales et écrites, à ce que notre petit traité peut offrir d'incomplet. Il en sera de même pour les exercices suivans sur la *Numération.*

Cinquante	50	L.
Soixante	60	LX.
Soixante-dix	70	LXX.
Quatre-vingt	80	LXXX.
Quatre-vingt-dix	90	XC.
Cent	100	C.
Deux cent	200	CC.
Trois cent	300	CCC.
Quatre cent	400	CCCC ou CD.
Cinq cent	500	D.
Six cent	600	DC.
Sept cent	700	DCC.
Huit cent	800	DCCC.
Neuf cent	900	DCCCC ou CM.
Mille	1000	M.

LXXX.

Les chiffres romains ne sont plus guère employés aujourd'hui que pour des inscriptions monumentales ou des têtes de chapitre, comme dans cet abécédaire. Les chiffres arabes sont au nombre de dix :

0, 1, 2, 3, 4, 5, 6, 7, 8, 9.

Zéro, un, deux, trois, quatre, cinq, six, sept, huit, neuf.

Ces chiffres suffisent pour tous les nombres, parce qu'on est convenu qu'au lieu de représenter des unités, ils représenteraient des dixaines en les plaçant à une colonne plus avancée; des dixaines de dixaines, ou des centaines, à la troisième colonne; et ainsi de suite, toujours en décuplant.

LXXXI.

Pour exprimer une unité ou un nombre qui ne dépasse pas 9, on se sert d'un chiffre. Lorsqu'on veut compter depuis 10 jusqu'à 99, on emploie deux chiffres; le premier, à gauche, exprime des dixaines : on compte autant de dixaines qu'il y a d'unités. Pour avoir des centaines, il faut avoir trois chiffres; pour des mille, quatre chiffres; pour des dix mille, cinq chiffres; pour des centaines de mille, six chiffres; pour des millions; sept chiffres; ainsi de suite, en augmentant toujours d'un chiffre. Dès-lors il est aisé de concevoir qu'en ajoutant un chiffre à ceux qu'on a déjà, on rend le nombre dix fois plus grand. On voit donc, d'après cette manière d'énu-

mérer, que dix unités font une dixaine ;
que dix dixaines font une centaine ou 100;
que dix fois ce nombre fait 1000 ; que dix
fois celui-ci fait 10000, etc.

LXXXII.

Pour énoncer facilement un nombre
exprimé par tant de chiffres qu'on voudra,
on le partagera, par la pensée, en tranches
de trois chiffres chacune, en allant de
droite à gauche : on donnera à chaque
tranche les noms suivans, en partant de
la droite, *unités, mille, millions, billions,*
etc. Ainsi, en partant de la gauche, on
énoncera chaque tranche comme si elle
était seule, et l'on prononcera à la fin de
chacune le nom de cette même tranche ;
par exemple, pour énoncer le nombre
suivant :

billions,	millions,	mille,	unités,
25,	384,	792,	526,

on dira : vingt-cinq *billions*, trois cent
quatre-vingt-quatre *millions*, sept cent
quatre-vingt-douze *mille*, cinq cent vingt-
six *unités*. Si c'étaient des francs, des

livres, des prunes, on remplacerait le mot *unités* par les mots *francs, livres, prunes*, etc.

LXXXIII.

Le zéro n'a pas de valeur par lui-même, mais il en a une par le rang qu'il occupe. Placé à la droite d'un nombre, il le rend dix fois plus grand; à la gauche, il le rend dix fois plus petit : dans ce dernier cas, on le sépare du nombre par une virgule; ainsi, la formule 0,1 désigne des unités dix fois plus petites que 1 ou des dixièmes; on peut aussi les indiquer de la manière suivante $\frac{1}{10}$. La formule 10 indique dix unités au lieu d'une; tandis que le chiffre 0 ne signifie rien, soit qu'il se trouve seul, soit qu'on l'unisse à d'autres zéros. Ajoutez à la gauche d'un nombre 2, 3, 4, 5 zéros, vous rendrez le nombre 2, 3, 4, 5 fois plus petit; il augmentera dans la même proportion, si, au lieu de mettre les zéros à gauche, vous les placez à droite.

LXXXIV.

On divise souvent l'unité pour rendre les calculs plus faciles ; mais, de toutes les divisions, celle qui se fait par dixièmes ou par décimales, c'est-à-dire en partageant l'unité principale en unités dix fois plus petites, est à la fois la plus simple et la plus facile. Ces décimales sont représentées par les mêmes chiffres que les unités simples ; mais comme elles sont dix fois plus petites que celles-ci, on les place à la droite du chiffre qui représente les unités simples, et on les en sépare au moyen d'une virgule. Dans la formule 25,3 les chiffres 25 expriment des unités ordinaires, et le chiffre 3 des dixièmes. Ainsi, voilà vingt-cinq unités et trois dixièmes. Si à la droite du chiffre 3 il s'en trouvait un autre, ce second chiffre indiquerait des centièmes, un troisième chiffre indiquerait des millièmes, et ainsi de suite.

LXXXV.

On énonce les décimales comme les unités entières, mais on ajoute à la fin le nom des unités décimales de la dernière espèce. Ainsi, pour énoncer ce nombre

$$34,567,898 \cdot 2,347,569,$$

on dira : trente-quatre millions, cinq cent soixante-sept mille, huit cent nonante-huit unités, 2 millions, 347 mille, 569 dix-millionièmes, ou, si l'on veut, 2 dixièmes, 3 centièmes, 4 millièmes, 7 dix-millièmes, 5 cent-millièmes, 6 millionièmes, et 9 dix-millionièmes.

LXXXVI.

En thèse générale, on peut établir que le changement de la virgule d'un rang ou de deux rangs vers la gauche, rend les unités de dix en dix fois plus petites, tandis qu'il les rend de dix en dix fois plus grandes en la reculant d'un ou de plusieurs rangs vers la droite : car alors les centièmes deviennent des dixièmes, les dixièmes des unités ; les unités des dixaines ou des centaines, si la virgule est reculée de deux rangs au lieu d'un. On peut s'exercer sur le nombre indiqué dans l'exercice précédent. Enfin on ne change rien à la valeur d'un nombre *décimal*, en y ajoutant tel nombre de zéros qu'on voudra.

LXXXVII.

Poids.

Une livre poids de marc vaut 16 onces.

Une once. . . . . — 8 gros.

Un gros. . . . . — 72 grains.

Un myriagramme. . . . — 10 kilogrammes.

Un kilogramme. . . . . . — 10 décagrammes.

Un décagramme. . . . . — 10 grammes.

Un gramme. . . . . — 10 décigrammes.

Un décigramme. . . . . . — 10 centigrammes.

Un centigramme. . . . . — 10 milligrammes.

Une livre poids de marc équivaut à 489 grammes.

		liv.	on.	gr.	grains
1 myriagramme équivaut à	20	6	6	64.
1 kilogramme....... — à	2	0	5	35.
1/2 *id.* ou 5 hectogrammes — à	1	0	2	55.
1 hectogr. ou 10 décagr. — à	0	3	2	11.
1 décagr. ou 10 gramm. — à	0	0	2	44.
1 gramme .... — à	0	0	0	19.

LXXXVIII.

Mesures de longueur.

Une toise..........vaut 6 pieds.

1 pied............ — 12 pouces.

1 pouce........... — 12 lignes.

1 mètre............ — 10 décimètres.

1 décimètre........ — 10 centimètres.

1 centimètre........ — 10 millimètres.

	m.	mm.
1 toise en mesure nouvelle —	1,	949.
1 pied............ —	0,	325.
1 pouce........... —	0,	027.
1 ligne........... —	0,	002 1/4.
Le mètre.......... —	3 pieds	11 lignes.

5 pieds font 1 mètre 624 millimètres.

1 myriamètre ou 10,000 mètres font 2 lieues de France.

5 kilomètres font une lieue.

LXXXIX.

PREMIÈRE RÈGLE. — *L'ADDITION.*

Additionner veut dire assembler. Si je vous donne une prune, ensuite deux prunes, puis quatre prunes, et que je vous demande combien vous en avez, voici comment il faudra vous y prendre pour le savoir :

Reçu 1 prune,
2 prunes,
4 prunes.

Tirez une barre —au-dessous des chiffres, et faites le total, en disant une et deux font **3**, trois et quatre font 7. Écrivez 7 sous la barre. Ce chiffre 7 indique le total ou la totalité de toutes les prunes :

$$\begin{array}{c} 1 \\ 2 \\ 4 \\ \hline 7 \end{array}$$

XC.

SECONDE RÈGLE. — *LA SOUSTRACTION.*

Soustraire veut dire ôter. Si des 7

9**

prunes qu'on vous a données on en ôtait
3, combien en resterait-il? Voici comment vous le saurez. Posez le chiffre 7,
mettez au-dessous le chiffre........ 3,
tirez une barre.................. —
retranchez 3 de 7, il restera..... . 4.
Ce nombre 4 indiquera la quantité de
prunes qui vous restera.

XCI.

TROISIÈME RÈGLE. — *LA MULTIPLICATION.*

*Multiplier veut dire répéter un certain
nombre de fois.* Si vous avez 7 prunes,
et que vous vouliez en avoir 4 fois autant, vous écrivez le chiffre 4 sous le
chiffre 7 ; puis vous tirez une barre, et
vous dites 4 fois 7 font 28.

$$\frac{7}{4}$$

28

Le nombre 28 est ce qu'on appelle un
produit ; le nombre 7 se nomme *multiplicande,* et le nombre 4 *multiplicateur.*

XCII.

QUATRIÈME RÈGLE. — *LA DIVISION.*

Diviser veut dire partager. Vous avez 28 prunes. On vous dit de les partager en quatre parts égales. Pour y parvenir, vous écrivez 28, puis vous tirez deux barres comme ci-dessous; vous écrivez le chiffre 4 à droite du nombre 28, et vous vous demandez combien de fois ce chiffre se trouve répété dans 28. Il y est 7 fois. Vous écrivez 7 au-dessous de 4. Le nombre 7 est, en conséquence, le nombre de prunes que vous cherchez. Vos trois petits amis auront chacun 7 prunes, et il en restera 7 pour vous. Voici la représentation de la règle :

$$28 \;\big|\; \frac{4}{7}$$

Le nombre 7 se nomme *quotient,* le nombre 28 se nomme *dividende,* et le nombre 4 *diviseur.*

XCIII.

TABLE DE MULTIPLICATION.

Elle comprend les douze premières unités multipliées par elles-mêmes.

2	fois	2	font	4	5	fois	8	font	40
2		3		6	5		9		45
2		4		8	5		10		50
2		5		10	5		11		55
2		6		12	5		12		60
2		7		14	6		6		36
2		8		16	6		7		42
2		9		18	6		8		48
2		10		20	6		9		56
2		11		22	6		10		60
2		12		24	6		11		66
3		3		9	6		12		72
3		4		12	7		7		49
3		5		15	7		8		56
3		6		18	7		9		63
3		7		21	7		10		70
3		8		24	7		11		77
3		9		27	7		12		84
3		10		30	8		8		64
3		11		33	8		9		72
3		12		36	8		10		80
4		4		16	8		11		88
4		5		20	8		12		96
4		6		24	9		9		81
4		7		28	9		10		90
4		8		32	9		11		99
4		9		36	9		12		108
4		10		40	10		10		100
4		11		44	10		11		110
4		12		48	10		12		120
5		5		25	11		11		121
5		6		30	11		12		132
5		7		35	12		12		144

ÉPOQUES MÉMORABLES
DANS L'HISTOIRE DE LORRAINE.

XCIV.

PREMIERS SIÈCLES.

Les *Médiomatriciens*, qui avaient Metz pour capitale, les *Leuquois* ou *Toulois*, les *Verdunois*, et tous les peuples gaulois qui occupaient les rives de la Moselle, de la Meuse et de la Sarre, deviennent les alliés du peuple romain.

III.* Siècle. Irruption de Chrocus, roi des Allemands, dans la Lorraine et le Pays-Messin.

IV.* Siècle. Saint Clément, saint Mansuy et saint Saintin deviennent les premiers apôtres des Messins, des Toulois et des Verdunois.

V.* Siècle. Irruption d'Attila, à la tête de 5oo,ooo hommes. Il brûle Metz. — Clovis est catéchisé à Toul.

VI.* Siècle. Fondation du royaume d'Austrasie, dont Metz est déclaré la capitale.

VII.ᵉ Siècle. Puissance des maires du palais.

VIII.ᵉ Siècle. Règne de Pépin-le-Bref.

IX.ᵉ Siècle. Règne de Charlemagne. — Conciles célèbres tenus en Lorraine. — Ravages des Normands.

X.ᵉ Siècle. La Lorraine divisée en plusieurs états. — Reinier-au-long-Cou, premier duc de Lorraine. — Charles-le-Simple, premier roi de Lorraine. — La Lorraine divisée en haute et basse Lorraine.

XCV.

11.ᵉ, 12.ᵉ ET 13.ᵉ SIÈCLES.

1048. Gérard d'Alsace monte sur le trône de Lorraine.

1176. Une peste horrible ravage le Pays-Messin et la Lorraine.

1182. Institution de la loi de Beaumont, ou premier affranchissement des communes. Metz république.

1187. Saint Bernard prêche la croisade en Lorraine.

1299. Accord de Vaucouleurs entre Philippe-le-Bel et Albert d'Autriche.

XCVI.

14.ᵉ SIÈCLE.

1315. La peste et la famine désolent la Lorraine.

1371. Siège de Metz par le duc de Lorraine Jean I.ᵉʳ

1390. A la fin de novembre, Charles II, duc de Lorraine, suivi de toute la noblesse du pays, va combattre les Turcs en Hongrie.

XCVII.

15.ᵉ SIÈCLE.

1407. Bataille de Champigneulles ; Charles II y est vainqueur.

1415. Bataille d'Azincourt où périt presque toute la noblesse lorraine.

1418. Mariage de René d'Anjou avec Isabelle de Lorraine. Par cette alliance, le duché de Lorraine se trouve réuni au duché de Bar.

1444. Siège de Metz par Charles VII et René d'Anjou.

1475. Charles-le-Téméraire fait la con-

quête de la Lorraine et prend posses-
sion de Nancy ; il est tué le 5 janvier
1477 sous les murs de cette ville.

XCVIII.

16.ᵉ SIÈCLE.

1524. Les opinions de Luther s'introdui-
sent en Lorraine.

1552. Henri II s'empare des Trois-Évêchés. Siège de Metz par Charles-Quint.

XCIX.

17.ᵉ SIÈCLE.

1603. Henri IV à Metz et à Nancy.

1643. Prise de Thionville par le grand
Condé.

1663. Envahissement de la Lorraine par
Louis XIV.

C.

18.ᵉ SIÈCLE.

1735. Traité de Vienne signé le 3 octobre,
par lequel Stanislas est appelé à régner
en Lorraine.

1766. Mort de Stanislas, le 23 février.
La Lorraine devient province française.

FIN.

SOUS PRESSE,

POUR PARAITRE SUCCESSIVEMENT.

CONVERSATIONS ET LECTURES LORRAINES, ou Choix de Traits d'histoire, d'Anecdotes piquantes, de beaux Exemples, dont les sujets sont pris dans les quatre départemens qui formaient la province de Lorraine et des Trois-Évéchés. In-18 de 150 pages, orné de jolies lithographies.

HISTOIRE DE LORRAINE, *depuis les temps les plus reculés jusqu'en* 1836. In-18 orné des portraits de tous les ducs de Lorraine, depuis Gérard d'Alsace jusques et y compris Stanislas.

LE PETIT PLUTARQUE LORRAIN, ou Recueil d'environ *cent cinquante* notices sur les plus grandes célébrités du pays. In-18 orné des portraits des maréchaux Fabert, Ligneville, Ney, des généraux Custine et Lasalle, de Jeanne d'Arc, de Lacretelle aîné, de Paul Ferry, de Callot, de l'architecte Perrat, auteur de la cathédrale de Metz, du poète Pellet, etc., etc.

Nota. Ces trois petits ouvrages, destinés à la Jeunesse, font suite à l'*Abécédaire*. On pourra néanmoins se les procurer séparément.